Elfriede Koch · Der Superfrau-Komplex

Elfriede Koch

Der Superfrau-Komplex

Der heimliche Zwang zum Perfektionismus

johannis

Bildnachweis:
Umschlag: J. Heron/IFA-Bilderteam
Innenteil: S. 9: Photo-Center; S. 21: H. Baumann; S. 29: H. Mutschler-Thamm; S. 37: Ch. Palma; S. 45: Damm/HUBER; S. 52: Jung/E. Geduldig; S. 60: R. Blesch

Bibliografische Information Der Deutschen Bibliothek
Die Deutsche Bibliothek verzeichnet diese Publikation in der Deutschen Nationalbibliografie; detaillierte bibliografische Daten sind im Internet über http://dnb.ddb.de abrufbar.

ISBN 3-501-07127-2
Johannis-Geschenktaschenbücher
Die Reihe von Frauen für Frauen 07127

Umschlaggestaltung: Friedbert Baumann
Gesamtherstellung: St.-Johannis-Druckerei, Lahr/Schwarzwald
Printed in Germany 16011/2005

www.johannnis-verlag.de

Inhalt

Wer ist sie – die Superfrau? Ich kenne viele Frauen, die ich »super« finde: Frauen voller Energie und Kreativität. Frauen, die viel zu geben und zu sagen haben. Frauen, mit denen man einfach gerne zusammen ist. Aber ich kenne keine einzige, die sich selber als »Superfrau« bezeichnen würde. Keine, die es akzeptieren würde, wenn man sie so nennt. Dennoch haben wohl fast alle Frauen in meinem Bekanntenkreis irgendwo tief drinnen das Gefühl, dass sie eigentlich so eine Superfrau sein müssten. Dass sie bestimmte Ansprüche erfüllen, bestimmten Erwartungen genügen müssten – und es nicht können. Wie stellen sie sich aber nun so eine Superfrau vor?

Ich möchte einmal beschreiben, was dabei herauskäme, wenn eine Frau all diesen unausgesprochenen Erwartungen zu entsprechen versuchte. Werfen wir einen kurzen Blick ins Leben einer Superfrau!

Fünf Minuten im Leben einer Superfrau

Als Lisa, mit Aktenordnern und Einkaufstüten beladen, die Tür ihrer schmucken Wohnung aufschloss, atmete sie erleichtert auf. Dank ihrer beispielhaften Geschwindigkeit hatte sie es geschafft, gerade noch rechtzeitig zu Hause zu sein, um ihrer Familie das Essen zu kochen. Und das, obwohl sie nach dem Büro noch schnell einige Einkäufe erledigt hatte! Bevor sie die Einkaufstaschen in der Küche abstellte, streifte ein schneller Blick den Spiegel. Na ja, die sorgfältig gestylte Frisur war in der Eile etwas durcheinander geraten, aber das ließe sich schnell wieder in Ordnung bringen, sobald das Essen erst mal auf dem Herd stand!

Doch trotz aller sorgfältigen Planung war Lisa nicht darauf vorbereitet, in der Küche Besuch vorzufinden. Eine Sekunde lang war der Schrecken ihrem Gesicht abzulesen, dann erstrahlte wieder ihr gewinnendes Lächeln, für das sie bekannt und beliebt war, und mit munterer Stimme rief sie: »Oh, hallo, Mutter! Was für eine Überraschung! Wie schön, dass du mal wieder bei mir vorbeischaust!«

»Ja, ich dachte mir«, meinte die alte Dame lächelnd, »da du ja nie mehr Zeit hast für einen Besuch bei deiner Mutter, muss ich halt mal zu Besuch kommen! Wir sehen uns ja kaum noch, seit

du wieder berufstätig bist!« – »Stimmt«, pflichtete Lisa bei und versuchte, den deutlich mitschwingenden Vorwurf zu überhören. »Das war wirklich eine gute Idee von dir! Ich hoffe nur, es stört dich nicht, dass es bei mir ein bisschen unaufgeräumt ist!« Manch andere Frau hätte Lisas Haushalt wohl als recht gut in Schuss bezeichnet, doch Lisa war sich nur zu sehr der Tatsache bewusst, dass die Ordnung in der Küche vor den gestrengen Augen ihrer Mutter nicht bestehen würde. Diese meinte nur etwas ungnädig: »Na ja, daran hab ich mich ja schon längst bei dir gewöhnt! Du willst ja nicht, dass ich dir helfe!« Während Lisa behände in der Küche hin und her eilte, die Einkäufe verstaute und zu kochen begann, spürte sie unbehaglich den prüfenden Blick ihrer Mutter auf sich ruhen. »Sag mal, übrigens – wie siehst du denn aus? Was ist denn das für eine neumodische Frisur? Und in deinem Alter sollte man sich nicht mehr so jungmädchenhaft anziehen, finde ich! Das ist doch geschmacklos!« Lisa unterdrückte ein Seufzen. Sie war so stolz auf das schicke neue Outfit gewesen und darauf, dass sie jetzt nach ihrer Diät wieder in Größe 38 passte. Dass ihre Kleidung dem Geschmack ihrer Mutter nicht entsprach, hätte sie wissen können und sie fühlte sich schuldig, weil sie nicht daran gedacht hatte. Deshalb geriet ihre Antwort so trotzig, wie man es bei ihr sonst gar nicht gewöhnt war: »Mir gefällt es. Und außerdem hat es mein Mann für mich ausgesucht. Aber warte mal« – bei der Suche nach einem anderen Thema fiel ihr Blick auf die Aktenordner, die sie auf dem Küchentisch abgelegt hatte. »Lass mich doch erst mal einen Platz finden, wo ich diese Ordner hinlegen kann! Immer gibt mir mein Chef so viel Arbeit mit nach Hause, bloß, weil er nicht richtig vorausplanen kann! Und ich darf dann schauen, wie ich alles rechtzeitig fertig kriege!« Mit diesem deutlichen Hinweis auf ihre Wichtigkeit und Unentbehrlichkeit erreichte Lisa tatsächlich eine positive Reaktion. »Ja, dein Chef kann von Glück reden, dass er dich hat!«, betonte die Mutter stolz, und sie hätte sicherlich noch weiter lobend über ihre tüchtige, fleißige Tochter gesprochen, wenn in diesem Augenblick nicht die Tür aufgeflogen wäre und Evi, Lisas jüngste Tochter, hereingerannt wäre. »Hallo, Mama! Endlich bist du da! Ich brauche dich so dringend für meine Hausaufgaben! Schau mal, diese Matheaufgabe ...« – »Moment, Moment, mein Schatz! Lass mich doch erst mal das Essen fertig machen, damit wir essen können, wenn Papa heimkommt! Das mit der Hausaufgabe machen wir dann später, ja?« Lisa wehrte alle Angebote ihrer Mutter, beim Kochen zu helfen, entrüstet ab, versprach ihrem Töchterchen eine Extraportion Nudeln, weil sie das geplante chinesische Gericht nicht mochte, verteidigte sich bei ihrer Mutter sowohl für ihre Nachgiebigkeit dem Kind gegenüber als auch für ihre neumodische Kocherei und schaffte es währenddessen in erstaunlicher Geschwindigkeit, den Tisch hübsch zu decken und zu dekorieren. Ihre eintretende ältere Tochter, Melanie, würdigte diese kreative Leistung jedoch keines Blickes, sondern fragte nur hastig: »Ist das Essen schon fertig? Ich muss nämlich gleich wieder weg, meine Freundinnen warten auf mich! Und könntest du bitte – aber he, sag mal, wie siehst du denn aus?« Mit schwindender Hoffnung präsentierte sich Lisa in ihrem neuen Outfit: »Wie gefällt es dir?«, wagte sie zu fragen, aber sie sah schon am kritischen Blick, was jetzt kommen würde. »Aber Mama! So was trägt man doch heute nicht mehr! Das ist doch nur was für alte Frauen! Mensch, Mama, ich hab dir doch schon so oft gesagt, du sollst dir mal was Modischeres zulegen! Der Stil, den du trägst, den kann man heute einfach nicht mehr sehen!« – »Aber deinem Vater gefällt es ...« – »Mir aber nicht! Ich würde dir ja gern mal was von meinen Klamotten ausleihen, aber dazu müsstest du erst mal ziemlich abspecken!« Nun wurde Melanie von ihrer Großmutter getadelt, dass man doch in solchem Ton nicht mit seiner Mutter reden dürfe. Lisa konnte sich dadurch wieder dem Essen widmen und stellte fest, dass sie sich erst mal ein paar Minuten hinsetzen und ausruhen durfte, bis es so weit war. Sofort kam Evi und kletterte ihr auf den Schoß, trotz ihrer Proteste: »Vorsicht! Du zerdrückst mir den Rock! Und verschmier mir nicht mein Make-up!« – »Oh Mama«, warf Melanie dazwischen, »könntest du mir nachher noch schnell meine weiße Bluse bügeln, ich will sie heute Abend zur Party anziehen!«

Der kurze Moment der Ruhe wurde durch das Klingeln des Telefons abrupt beendet. Schnell eilte Lisa zum Telefon. »Oh, Frau Sommer?« Ihre Stimme klang überrascht. »Oh, was sagen sie, ein Notfall? Plötzlich erkrankt? Die Ärmste! Aber was kann ich ... Was, morgen schon? Das ist doch sehr kurzfristig! ... Wie kommen Sie da auf mich? ... Meinen Sie wirklich? ... Dreißig Kleinkinder, du liebe Zeit! Ist sonst noch jemand da, der mithilft? Na ja, wenn Sie sonst gar niemanden gefunden haben, der aushelfen kann, dann mache ich es natürlich. Ich kann Sie ja nicht einfach so sitzen lassen, natürlich nicht. Also acht Uhr, morgen früh. Acht Uhr, o. k. ... Ja, klar, ich mach es doch gerne, selbstverständlich. ... Keine Ursache, Frau Sommer, gern geschehen!«

»Ich sehe schon, Mama, du hast dich wieder mal breitschlagen lassen, morgen früh eine schwierige Aufgabe zu übernehmen!«, meinte Melanie vorwurfsvoll. »Immer sagst du Ja, wenn Leute dich um etwas bitten! Was ist es denn diesmal?« – »Kinderbetreuung beim Frauenfrühstück!«, murmelte Lisa bedrückt. »Eigentlich hatte ich mir Arbeit aus dem Büro fürs Wochenende mit heimgenommen. Aber es ist ein Notfall, die Verantwortliche ist plötzlich schwer krank geworden. Und Frau Sommer sagte, sie wüssten niemand sonst als mich, und ich sei doch überall bekannt für meine Hilfsbereitschaft, und das Kinderprogramm beim Gemeindefest hätte ich doch so super organisiert ...« – »Mama, wann ist denn endlich das Essen fertig, ich verhungere!«, unterbrach jetzt Evi und Lisa stellte zu ihrem Kummer fest, dass die Nudeln nun etwas zu weich geworden waren. »Hätte ich doch nur besser aufgepasst!«, schimpfte Lisa mit sich selbst und begann, das Essen aufzutragen, obwohl sie eigentlich auf ihren Mann hatte warten wollen. Doch wenn alle schon so hungrig waren, fühlte sie sich verpflichtet, den Hunger zu stillen. Ihr eigener Hunger allerdings kam wieder mal zu kurz, denn kaum hatte sie einen Bissen zum Mund geführt, da klingelte es an der Haustür. Voll Schwung fegte ihre Freundin Moni herein. »Hallo, Lisa, kommst du mit zum Vortrag in der Volkshochschule? Ich hab gedacht, das interessiert dich bestimmt, da könnte ich dich gleich mitnehmen!« Ein paar schwache Proteste von Lisa wurden sofort übertönt: »Hör mal, du musst doch auch mal was für deine Bildung tun! Du kannst doch nicht immer nur zwischen Job und Haushalt hin und her hetzen, da wirst du geistig noch völlig einrosten! Frau muss auch mal was liegen lassen können! Der Referent heute Abend ist echt spitze! Komm, raff dich auf ...«

Lisa war bereits drauf und dran, den Überredungskünsten der Freundin zu erliegen, da ertönte Evis Stimme vom Esstisch: »Mama, du musst mir doch noch bei den Hausaufgaben helfen! Und heute Abend wolltest du mit mir Spiele machen!« – »Und meine Bluse, Mama, denkst du an meine Bluse?« warf Melanie ein. »Übrigens hatte ich gehört, dass Papa heute Abend mit dir einiges besprechen wollte.« – »Ach ja«, seufzte die Großmutter. »Ich hätte dich eigentlich heute Abend gern ins Theater eingeladen, aber ich sehe schon, daraus wird nichts. Und ich verstehe jetzt auch, warum du mich nicht mehr besuchen kommst. Für alles hast du Zeit, nur nicht für deine alte Mutter ...«

Einen Augenblick lang hatte Lisa das Gefühl, als ob sie laut schreien oder mit Tassen um sich werfen müsste. Oder, noch besser, einfach weglaufen und sich im Bett verkriechen. Oder ... ja, was wollte sie eigentlich? Alle wollten etwas von ihr, aber was wollte sie eigentlich selber? Und wer war sie überhaupt, und wozu war sie überhaupt auf der Welt? Doch sofort hatte sie sich wieder gefasst, das Lächeln auf ihr Gesicht gezaubert, für das sie so bekannt war, und mit ihrer gewohnten herzlichen Art die Freundin höflich verabschiedet, die Mutter beruhigt und ihr Kind getröstet. Dann hörte sie an der Haustür die Schlüssel ihres Mannes klirren, brachte mit einem kurzen Blick in den Spiegel ihr Haar in Ordnung und eilte ihm entgegen, um ihn zärtlich zu begrüßen.

Ja, Lisa ist eben eine Superfrau. Wer ahnt schon, dass hinter ihrer perfekt gestylten Fassade manchmal Bitterkeit und Verzweiflung miteinander kämpfen? Wer ahnt, wie viel Kraft es sie kostet, ihr

Image aufrechtzuerhalten? Und wer weiß, wie viele Frauen es gibt, die sich in einer ähnlichen Lage befinden, aufgerieben zwischen den hohen Ansprüchen, die sie selbst und andere an sie stellen?

»Frau zu sein ist schwer!«?

Dass Lisa wohl kein Einzelfall ist, dafür gibt es manche Indizien. Zum Beispiel den Spruch, der sich über dem Schreibtisch manch einer Sekretärin findet: »Frau zu sein ist schwer. Eine Frau muss denken wie ein Mann, aussehen wie ein junges Mädchen, sich benehmen wie eine Dame und arbeiten wie ein Pferd.« Auffallend oft wird dieser Spruch zitiert, der doch eigentlich ganz offensichtlich blödsinnig ist. Ganz offensichtlich kann doch niemand so etwas im Ernst erwarten, oder? Kann das wirklich der Anspruch sein, der unausgesprochen an uns Frauen gestellt wird? Jedenfalls ist eines sicher: Viele Frauen fühlen sich von diesem Spruch angesprochen und erkennen darin etwas Zutreffendes. Anscheinend leben viele Frauen in dem Gefühl: »Ich bin ungenügend, ich müsste eigentlich mehr bringen, ich müsste anders, besser, schöner, tüchtiger, freundlicher, beliebter und ordentlicher sein ...« Woher kommt dieses Empfinden, wir müssten einem Ideal nacheifern, das wir doch nie erreichen können?

Bei vielen Frauen äußert sich dieser Zwang in einer ständigen, mühsam unterdrückten Unruhe und Unzufriedenheit. Sie tun sich schwer, den Augenblick einfach entspannt zu genießen und sich mit sich und der Welt im Reinen zu fühlen. Ständig sitzt da im Hinterkopf der nagende Gedanke:

Eigentlich müsste ich jetzt besser das und das tun ... eigentlich sollte ich so und so sein ... eigentlich wäre es nötig, dass ich diese oder jene Erwartung erfülle ... Wie können wir damit fertig werden?

Ein heißer Titel für die Frauengruppe

Es ist nun schon zwanzig Jahre her, als wir anfingen, uns regelmäßig zu einer Gesprächsgruppe für Frauen zu treffen. Einmal brachte eine von uns ein Buch mit: »Das wäre doch mal ein Gesprächsstoff für unsere Gruppe!«, meinte sie und zeigte uns den Titel: »The Superwoman-Syndrome« von der amerikanischen Psychologin Marjorie Shaevitz. Wir waren neugierig. »Superfrauen« – das wären wir alle gern gewesen. Wir waren noch jung, bemüht um unser gutes Aussehen und voller Hoffnung, unsere damals noch sehr kleinen Kinder so perfekt wie möglich zu erziehen. Irgendwo, unbewusst und unausgesprochen, steckte in uns allen die Vorstellung: »Wenn ich das nicht schaffe, wenn ich diesen Ansprüchen nicht genüge, dann bin ich nicht o. k. Dann bin ich eine Versagerin, wertlos, gescheitert, verachtenswert.« Nun genügte ein Blick auf diesen Buchtitel, um uns mit einem Auflachen zu der Erkenntnis zu führen: Da steckt ja was Krankhaftes drin! Oder zumindest etwas Krankmachendes, etwas Ungutes, Zerstörerisches! Hier auf dem Buchtitel stand es: Nicht der »Superfrau-Traum« oder »Das Superfrau-Rezept«, sondern: »Das Superfrau-Syndrom«. Ein Syndrom ist ja ein ganzes Bündel von Störungen, von Krankheitserscheinungen, die in typischer Kombination auftreten. Das Buch führte uns in heiße Diskussionen und in interessante Erkenntnisse über uns selbst und über Frausein in der heutigen Zeit. Später habe ich zunächst in Vorträgen für Frauenkreise über dieses Buch referiert und meine eigenen Gedanken und meine Auseinandersetzung mit diesem Thema hinzugefügt. Immer wieder gab es lebhafte Gespräche darüber, immer mehr Gedanken und Erkenntnisse sind dazugekommen.

Marjorie Shaevitz hatte ihr Buch zu einer Zeit geschrieben, wo eine Wandlung in der gesellschaftlichen Frauenrolle sichtbar wurde und viele Frauen mit den neuen Anforderungen nicht zurechtkamen. Es genügte jetzt nicht mehr, so wie früher, einem »Supermom«-Ideal nachzustreben, sondern die Rolle der »Superwoman« war noch viel umfassender. Das Buch von Shaevitz blieb nicht das Einzige, sondern inzwischen gibt es noch viele weitere Veröffentlichungen zu diesem Thema und zu ähnlichen Fragen. Das zeigt, wie viele Menschen sich darin wiedergefunden haben. Shaevitz beobachtete, dass es schon eine regelrechte psychische Krankheit gibt oder zumindest eine seelische Störung, die typisch für viele moderne Frauen geworden ist. Woher kommt diese Krankheit?

Fortschritt und Perfektion

Es ist eine Krankheit, die es in ähnlichen Formen wohl schon immer gab. Zu Napoleon sagte ein wohlmeinender Ratgeber: »Der Wunsch nach Perfektion ist eine der schlimmsten Krankheiten, die den menschlichen Geist befallen kann!« Ein anderer kluger Mann (A. de Musset) meinte: »Perfektion gibt es nicht. Zu meinen, sie erlangen zu können, ist die gefährlichste Form von Wahnsinn.« Doch diese Form von Wahnsinn ist heute erschreckend weit verbreitet, zusammen mit dem, was ein anderer Weiser als »die Tyrannei des Sollens und Müssens« bezeichnet.

Diese Tyrannei, dieser Wahnsinn, ist nicht auf Frauen beschränkt. In unserer modernen Leistungsgesellschaft kann ja leicht die Illusion entstehen, dass Perfektion gar nicht so unerreichbar wäre. Schließlich werden unsere Autos, Computer und Waschmaschinen immer ausgefeilter, immer leistungsfähiger, immer perfekter! Ich hörte einmal ein Gespräch unter Ingenieuren und Technikern mit an. Diese Männer erinnerten sich lachend daran, wie man noch vor zehn Jahren bestimmte Technologien für völlig unmöglich gehalten hatte, von bestimmten Geschwindigkeiten oder Leistungen der Maschinen als völlig undenkbar gesprochen hatte – und heute sind eben diese Errungenschaften eine Selbstverständlichkeit! Die

Technik macht immer wieder das Unmögliche möglich. Alles, was denkbar ist, scheint auch machbar zu sein, wenn man sich nur genügend darum bemüht. Wen wundert es, dass solche Erwartungen auch auf den Menschen übertragen werden? Da macht sich mehr und mehr das Gefühl breit, auch der Mensch müsste so eine Maschine sein, die reibungslos funktioniert und immer perfekter wird. Eine Maschine, von der man immer mehr und immer noch mehr erwarten kann. Ich wundere mich immer, wie im Arbeitsmarkt ständig Menschen entlassen werden und die Arbeit einfach auf immer weniger Leute verteilt wird, als gebe es da keine Grenze. Wer da nicht mitkommt, wird verschrottet. Was nicht perfekt funktioniert, ist wertlos, wird ausrangiert.

Der Zwang zum Perfektionismus, zur Anpassung an einen von außen gesetzten Maßstab, fängt ja bereits in der Schule an. Immer mehr Grundschulkinder müssen Medikamente nehmen, weil sie nicht das richtige Tempo oder den richtigen Grad von Selbstbeherrschung haben, um da bestehen zu können. Daran sind übrigens keineswegs die Lehrer schuld, sondern die Wirklichkeit der Welt, in der wir leben. Die wenigsten Menschen können in dieser Welt aufwachsen mit der Gewissheit: ich bin o. k., so wie ich bin, und ich darf sein, wie ich bin.

Widersprüchliche Erwartungen

Aber für uns Frauen wird das Problem noch etwas komplizierter. Von uns wird nämlich nicht nur erwartet, dass wir gute Arbeit leisten. Wir müssen uns nicht nur einem bestimmten Tempo oder einem bestimmten Leistungsmaßstab anpassen. Wir stehen unter dem Einfluss von verschiedenen, einander widersprechenden Erwartungen. Da sind die Erwartungen, die von klein an einem Mädchen begegnen: Wir sollen liebe, nette, brave, hübsche, zärtliche kleine Mädchen sein. Wir wachsen heran und begegnen in jeder Illustrierten und an jeder Plakatsäule dem Bild eines Schönheitsideals, das völlig unrealistisch ist. Selbst von den Models und Filmstars wird dieses Ideal nur durch sehr viel Make-up, Training und meistens auch Magersucht oder Drogensucht erkauft. Das Starmodel Cindy Crawford meinte einmal sinngemäß: »Die Frauen wundern sich immer, warum sie es nicht schaffen, so auszusehen wie wir Models. Die Wahrheit ist, dass wir auch nicht so aussehen. Wir haben nur unsere Tricks, im rechten Moment das Gewünschte vorzutäuschen!« Kein Mensch kann auf die Dauer wirklich so aussehen, aber der ständige Anblick von retuschierten, geschminkten, durchgestylten Mustermädchen prägt unsere Vorstellungen und Erwartungen. So muss »frau« sein. Und die, die nicht so aussieht, die ist weniger wert. Kein

Wunder, dass es immer neue Zauberdiäten und Schlankheitskochbücher gibt, dass immer mehr Geld ausgegeben wird für alle möglichen Kosmetika bis hin zu teuersten Schönheitsoperationen, die zudem nicht selten mit hohen Risiken verbunden sind. Der Stellenwert, den das Äußere hat, ist in unserer Gesellschaft inzwischen beängstigend hoch, und es wird Manches, was viel wichtiger wäre, darüber vernachlässigt.

Nun, das ginge ja vielleicht noch, wenn dies das einzige Ideal wäre, dem wir entsprechen müssten. Dann könnten wir alle Zeit und Kraft darauf verwenden, so zu werden. Wir könnten all unser Geld in Kosmetika und Mode, all unsere Energie in Fitnessübungen und Diäten investieren. Ich bin sicher, dann könnten wir alle diesem Ideal recht nahe kommen. Aber gleichzeitig sollen wir auch noch: eine geduldige, großzügige und fröhliche Mutter sein, die bestens informiert ist über die richtige Erziehung und Ernährung ihrer Kinder. Unseren Haushalt perfekt im Griff haben und alles sauber, sparsam, effektiv und schön gestalten. Geistig rege bleiben und uns weiterbilden. Unsere Männer glücklich machen, indem wir voller Zartgefühl erspüren, wann sie in Ruhe gelassen werden wollen und wann sie unsere Zuwendung brauchen. Unsere Eltern und Schwiegereltern sollen wir möglichst auch treusorgend bemuttern und Zeit für sie haben. Und natürlich steht da noch die Erwartung im Raum, dass eine moderne, emanzipierte Frau auch beruflich Karriere machen müsste, sonst wird sie auch von vielen schief angesehen und nicht ernst genommen, als »Heimchen am Herd« verlacht. Im Beruf sollen wir durchsetzungsfähig und voller Initiative sein, im Privatleben dagegen anpassungsfähig und kompromissbereit und obendrein natürlich immer freundlich, höflich und gut gelaunt.

Also, das Schlimme ist: Da ist nicht ein Ideal, das wir als Ziel anstreben könnten, sondern da sind unzählige, einander widersprechende Vorstellungen davon, wie die ideale Frau auszusehen hat. Und bei dem Versuch, das alles zu vereinen, verwickeln wir uns in unzählige innere Konflikte. Manchmal wissen wir kaum noch, was wir eigentlich selbst wollen und wer wir eigentlich sind. Das kann zu einem solchen Druck werden, der auf uns lastet, dass wir davon aggressiv oder depressiv werden oder gar ganz zusammenbrechen.

Wieso sind wir denn aber für solche Zwänge so anfällig? Wir könnten uns doch einfach darüber hinwegsetzen, die Ideale lachend als unrealistisch entlarven und dazu stehen, dass wir eben anders sind? Mir scheint, dass dies vielen Männern leichter fällt als uns Frauen.

Was macht uns Frauen so anfällig für Perfektionismus?

Was uns Frauen besonders anfällig macht für die Perfektionismus-Falle, sind mehrere Faktoren. Zum Beispiel sind wir vermutlich von Natur aus besonders auf Beziehungen angelegt. Was eine Stärke von uns Frauen ist, diese Fähigkeit, sich flexibel an andere anzupassen, hat eben auch die Kehrseite, dass wir abhängiger davon werden, was andere über uns denken. Weil wir die Gabe haben, sensibel die Bedürfnisse anderer Menschen zu erspüren, nimmt es uns auch mehr mit, wenn wir sie nicht erfüllen. Ob das nun in der weiblichen Natur liegt, weil wir eben vom Schöpfer für die Aufgabe des Mutterseins und der Gemeinschaftshüterin ausgestattet sind, oder ob es die Gesellschaft uns so anerzogen hat, das spielt im Augenblick keine Rolle. Es bleibt doch die Tatsache, dass Frauen von klein auf dazu neigen, darauf zu achten: Was wollen die anderen von mir? Wie muss ich sein, um ihnen zu gefallen? Was für Wünsche haben die andern, was brauchen sie von mir? Und oft werden kleine Mädchen in der Erziehung weniger dazu trainiert, für ihre eigenen Bedürfnisse zu sorgen oder auch nur darauf zu achten, sondern lernen viel zu früh, für andere da zu sein und deren Erwartungen zu erfüllen.

Dazu kommt noch etwas ganz anderes, was

Menschen innerlich verunsichert und für Erwartungsdruck anfällig macht: In unserer westlichen Welt entspricht der gesamte Lebensrhythmus und Lebensstil nicht den Bedürfnissen eines kleinen Kindes. Jede Mutter erlebt tagtäglich, wie sie ihrem Kind etwas verbieten muss, was eigentlich etwas ganz Natürliches wäre, oder etwas aufzwingen muss, was für das Kind jetzt gar nicht dran ist. Das Baby muss um diese oder jene Uhrzeit aufgeweckt und gefüttert werden, damit die Mutter rechtzeitig zum nächsten Termin fertig ist. Das Kleinkind, das in natürlicher Neugier und frohem Forscherdrang anfängt, die ganze Welt zu erobern und zu untersuchen, muss immer wieder gebremst und zurückgehalten werden, weil es sonst etwas kaputtmachen oder in Gefahr kommen könnte. Für die Mütter selbst ist das ein ziemlicher Stress, und die Kinder werden dadurch auch oft recht unleidlich. So bekommt das Kind immer wieder die Botschaft: »Mit dir stimmt etwas nicht, bei dir ist etwas falsch. Du möchtest jetzt die Welt erforschen, aber jemand schreit Nein. Obendrein ist Mama sauer, also hast du etwas falsch gemacht.« Obwohl das Kind nur seiner natürlichen Entwicklungsaufgabe gemäß gehandelt hat, spürt es, dass jemand mit ihm unzufrieden ist. Und gerade die Kinder, denen von ihrer Veranlagung her die Zustimmung der anderen sehr wichtig ist, fangen schon zu diesem Zeitpunkt an, ängstlich und unsicher ihre Fühler auszustrecken, um nur ja nichts

falsch zu machen. Sie verlieren ihre spontane, unbekümmerte Sicherheit und richten sich nur noch darauf aus, was von ihnen erwartet wird.

Natürlich wird es immer und in jeder Kultur unvermeidlich sein, dass Kinder sich anpassen müssen und lernen, Rücksicht auf die Erwartungen anderer zu nehmen. Aber je unnatürlicher die Umwelt lebt, desto unnatürlicher sind die Zwänge, an die das Kind sich anpassen muss. Und je mehr die Eltern unter dem Druck von Schönheitsidealen und Leistungsforderungen stehen, desto schwerer können sie ihrem Kind vermitteln: »Du bist angenommen, so, wie du bist. Wir lieben dich, egal, ob du unseren Erwartungen entsprichst!« Viele junge Mütter haben anscheinend so sehr Angst, dass ihre Tochter kein Vorzeigekind wird, sodass nicht selten schon kleine Mädchen von ihren eigenen Müttern in die Magersucht getrieben werden.

Es könnte noch einen weiteren Grund dafür geben, warum Frauen sich so leicht einreden lassen, dass sie unrealistischen Idealen nachjagen müssten, und warum gerade Frauen sich oft innerlich so unsicher und abhängig von der Zustimmung anderer fühlen. Dieser Grund hängt mit etwas zusammen, was ich in letzter Zeit öfters von Frauen gehört oder gelesen habe. Vielen scheint es, dass sie von klein auf gesagt bekamen: »Du bist ja komisch. Du spinnst ja. Wie kann man nur die Welt so oder so sehen?« Wenn sie von unerklärlichen

Ängsten geplagt waren, sagte man ihnen: »Wie kann man nur jetzt Angst haben, da gibt es doch gar keinen Grund dafür!« Wenn sie sich traurig fühlten, obwohl alle um sie herum vorgaben, vergnügt zu sein, mussten sie sich anhören: »Du bist ja verrückt, wie kannst du nur so ohne Grund unglücklich sein?« Gerade heranwachsende Mädchen haben oft mit unerklärlichen Stimmungen zu tun und können keinen vernünftigen Grund für ihre Gefühle nennen. Ihre Umgebung reagiert kopfschüttelnd und vermittelt ihnen die Botschaft: »Was du fühlst, stimmt nicht. Was du wahrnimmst oder beobachtest, stimmt nicht!« Diese Erfahrung, die viele Frauen gemeinsam haben, wird nun in den eher feministisch geprägten Kreisen so erklärt: Seit Jahrhunderten wurde in unserer Kultur manches geleugnet oder abgewertet, was zur speziell weiblichen Sichtweise oder Empfindungsweise gehört. Ungreifbare Gefühle, Intuitionen, Ahnungen, Empfindsamkeiten, auch manche übernatürlichen, spirituellen Erfahrungen wurden verspottet und als verrückt erklärt. So wird dieses Grundgefühl: »Mit dir stimmt etwas nicht!« gerade bei sensiblen Frauen besonders verstärkt, weil sie offenbar anders empfinden als ihre Umwelt. Ob nun die Feministinnen darin recht haben, weiß ich nicht genau, aber mir scheint es zutreffend, dass gesamte Lebensbereiche im Denken unserer Zeit ausgeblendet und verachtet wurden – und zwar die Bereiche, für die gerade Frauen sehr offen sind.

All dies und noch mehr führt dazu, dass wir meinen, wir müssten unbedingt anders werden, aber es nicht können.

Verständlicherweise entwickeln wir von klein auf Strategien und Verhaltensmuster, um dieses Gefühl des Ungenügens abzuwehren. Je größer die Angst ist, abgelehnt zu werden oder nicht o. k. zu sein, desto komplizierter und auch starrer werden die Regeln, die wir uns selbst auferlegen, und desto eifriger versuchen wir, alle Regeln perfekt zu erfüllen.

Erkennungsmerkmale für das »Superfrau-Syndrom«

Die Psychologin Marjorie Shaevitz hat in ihrem Buch aufgelistet, was die typischen Merkmale von Frauen sind, die besonders unter diesem Superfrau-Ideal leiden:
Kennzeichen der Superfrau (= der am Superfrau-Syndrom erkrankten Frau):
1. Sie ist eine »nette Frau«, freundlich, hilfsbereit, fürsorglich. Dahinter steckt das Gefühl: »Ich kann es nicht aushalten, wenn Leute mich nicht mögen.« Bei diesem Kennzeichen ist wichtig, dass diese Frau aus Angst vor Ablehnung so nett ist. Ihre Hilfsbereitschaft kommt nicht aus einem Gefühl der Stärke und nicht, weil sie von Herzen den andern helfen möchte, sondern sie ist abhängig von der Zuneigung anderer. Innerlich ist sie vielleicht voller Wut und Bitterkeit, weil sie so ausgenutzt wird, aber sie wagt es nicht, einmal weniger fürsorglich zu sein. Das bedeutet, dass ihre Hilfsbereitschaft ihr nicht wirklich Freude macht und ihr keine Erfüllung bringt. Während für Menschen, die einfach aus überströmender Nächstenliebe heraus für andere da sind, der Lohn und die Befriedigung einfach in dem Tun selber liegen, wird für die »Superfrau« alles verdorben, wenn sie keine Anerkennung für ihren Einsatz bekommt. Sie handelt aus Angst und Druck, nicht aus Freude.

2. Sie ist sehr fleißig, hat aber nie genug Zeit für das, was sie wirklich tun wollte. Wenn sie nicht ständig hart arbeitet, fühlt sie sich schuldig. Etwas Unbestimmtes, Gestaltloses treibt sie an und hält sie in Bewegung, und in Augenblicken der Ruhe kommt sie sich nutzlos vor. So füllt sie ihr Leben mit Aktivitäten, nur: Es sind oft gar nicht die, die ihr wirklich liegen und entsprechen, sondern die, die andere von ihr erwarten. Ob sie etwas tut oder nicht, hängt nicht davon ab, ob sie dafür begabt ist, ob sie Freude daran hat oder ob sie sich dafür geeignet fühlt. Es hängt allein davon ab, ob jemand das von ihr erwartet und sie dazu auffordert. So findet sie sich häufig im unbefriedigenden, ermüdenden Stress von Arbeiten, die ihr weder gefallen noch für die sie die Fähigkeiten hat.

3. Sie ist gründlich und genau. Auf Details und Kleinigkeiten achtet sie mit großer Sorgfalt. Alles muss ordentlich und sauber erledigt werden. Dies trifft nicht auf alle Frauen zu, die unter Perfektionszwängen leiden. Bei manchen äußert sich das Syndrom auch gerade umgekehrt: Sie können nicht entscheiden, was der perfekte Platz für einen Gegenstand ist, und lassen ihn deshalb herumliegen. So steckt auch hinter mancher Unordnung im Grunde ein perfektionistischer Anspruch. Auch das ständige Reagieren auf die Anforderungen anderer und das Übernehmen von zu vielen Aufgaben kann zu Chaos und Unordnung führen, und die Superfrau verliert sich dann im Kampf um die

Details und fühlt sich wie eine Ertrinkende, die verzweifelt kämpft, um über Wasser zu bleiben.

4. Sie orientiert sich an den Anforderungen des Augenblicks, anstatt ein übergreifendes Ziel im Auge zu haben. Wer im Augenblick am lautesten schreit, der kommt dran, und jede Tätigkeit wird sofort unterbrochen, wenn jemand etwas von ihr will. Im Grunde ist diese Fähigkeit, schnell und flexibel auf Augenblicksanforderungen zu reagieren, eine Stärke. Bei der Kindererziehung oder in vielen Alltagssituationen wird ein solches Verhalten dringend gebraucht. Doch in anderen Lebensbereichen ist es auch nötig, sich abzugrenzen von Forderungen, die uns bei einer wichtigen Tätigkeit unterbrechen. Es ist nötig, Abstand davon nehmen zu können, wenn jemand etwas von uns will, und frei zu entscheiden, ob das jetzt wirklich dran ist oder nicht. Die »Superfrau« kann das nicht, sondern reagiert sofort. Dadurch kann sie keine langfristigen Ziele verfolgen, wird dauernd abgelenkt, kann sich nicht dauerhaft auf etwas konzentrieren und verliert ihren inneren Frieden. Denn jede unterbrochene Arbeit oder jede zurückgewiesene Forderung verursacht bei ihr gleichermaßen Schuldgefühle.

5. Sie will alles fehlerlos richtig machen. Sie glaubt: »Es ist eine Katastrophe, wenn ich einen Fehler mache.« Während andere Menschen gelassen und humorvoll dazu stehen können, dass Fehler eben zum Menschsein gehören, ist eine solche

Einstellung für die Perfektionistin unmöglich. Für sie geht die Welt unter, wenn etwas nicht perfekt ist, es ist ein unerträglicher Zustand für sie. Hier können die Schwerpunkte des Perfektionismus unterschiedlich liegen. Für die eine Superfrau ist es eine Katastrophe, wenn die Fenster nicht immer blitzblank sind, für die andere, wenn sie jemanden mit einem falschen Wort verletzt hat. Die dritte wiederum leidet, wenn ein paar Pickel in ihrem Gesicht erblühen oder wenn die Vorhänge nicht haargenau die gleiche Farbe haben wie der Teppich. Am schlimmsten ist natürlich diejenige dran, die in allen diesen Lebensbereichen Vollkommenheit von sich erwartet. Jedenfalls ist der Gedanke unerträglich, dass sie nicht allen Maßstäben genügt, die sie für sich anerkennt. Und ihre Maßstäbe sind oft unerfüllbar hoch – in jeder Hinsicht ist nur das Beste vom Besten für sie akzeptabel.

6. Sie hat Schwierigkeiten, »Nein« zu sagen. Sie ist überzeugt davon: »Wenn ich Nein sage, mögen sie mich nicht mehr.« Die Tatsache, dass jemand einen Wunsch oder eine Bitte an sie heranträgt, ist für sie der Beweis, dass sie verpflichtet ist, diesen Wunsch zu erfüllen. Die Vorstellung, dass die Ablehnung eines Wunsches für den anderen eine absolut unzumutbare Härte wäre, bringt sie dafür selbst in unzumutbare Belastungen.

7. Sie findet es schwer, Aufgaben zu delegieren. Ihr Motto ist: »Ich will niemand belästigen!« Obwohl andere jederzeit bei ihr um alles bitten dür-

31

fen, wagt sie kaum einmal, jemand anderes um Hilfe zu bitten. Dass sie etwas nicht alleine schafft, dass sie hilfsbedürftig oder begrenzt ist, scheint ihr ein demütigender Gedanke. Sie schämt sich, jemand anderen zu brauchen, denn sie fühlt, dass sie das nicht wert ist. Sie lässt sich selber zwar von allen bedenkenlos die Zeit stehlen, findet es aber unanständig und unhöflich, wenn sie selber einmal die Zeit eines anderen Menschen in Anspruch nimmt.

8. Sie ist nie recht mit sich zufrieden. In ihren Gedanken findet sich sehr oft der Satz: »Ich wünschte, ich wäre ...« Irgendetwas findet sie immer, was sie noch ändern müsste, und zwar etwas, was nicht so leicht zu ändern ist und deshalb als Dauerbrenner für Unzufriedenheit und Schuldgefühle sorgt.

9. Sie sorgt nicht gut für sich selbst. »Es gibt so viel Wichtigeres zu tun ...«, sagt sie, wenn jemand sie auffordert, sich doch auch mal eine Ruhepause zu gönnen. Allerdings ist dies im Zuge der Wellness-Welle seltener geworden, denn die Werbung hat inzwischen eifrig dafür gesorgt, dass jeder seine Bedürfnisse nach möglichst teurer Entspannung auch wahrnimmt. So würde wohl heute jede Perfektionistin zustimmen, wenn man ihr sagt: »Eigentlich solltest du auch mal was für dich selber tun.« Aber im Alltag geht das dann doch häufig unter. Ja, oft merkt sie gar nicht, wenn sie hungrig oder müde ist, weil sie gar nicht gewohnt

ist, auf ihre eigenen Bedürfnisse zu achten. Sie hat das Gefühl, sie allein auf der Welt hätte kein Recht auf Ruhe, Hilfe, Unterstützung oder Zuspruch. Sie schämt sich, es in Anspruch zu nehmen oder ihre Aufmerksamkeit darauf zu richten, was sie selber jetzt eigentlich gerade braucht.

10. Sie fühlt sich nicht fähig, ihr Leben unter Kontrolle zu haben. Trotz aller Bemühungen empfindet sie unbewusst: »Mein Leben ist ein Chaos«! Unter allem perfekten Äußeren lauert eine heimliche Angst: Wenn ich nicht mehr alles im Griff habe, wenn ich nicht alles selbst tue, wenn ich nicht alle Regeln erfülle, dann passiert eine Katastrophe! Aus dieser Angst heraus entwickelt sie immer noch mehr Aktivität, noch mehr Regeln, noch mehr gute Vorsätze, die aber ihr Leben nur immer komplizierter machen. So steckt sie in einem üblen Teufelskreis.

Ja, sieht es also so aus im Leben einer Frau, die auf andere wie eine »Superfrau« wirkt? Ist das denn ein erstrebenswertes Ziel? Gewiss – diese Kennzeichen werden sicher nicht alle auf ein und dieselbe Frau immer zutreffen. Aber ich glaube, sehr viele Frauen finden bei sich mehr als nur das eine oder andere Merkmal wieder. Und es ist wohl leicht zu erkennen, dass ein solcher Druck auf die Dauer eine zerstörerische und ungesunde Sache ist!

Was dabei herauskommt

Manche Frau verfällt dann in lähmende Resignation, weil sie merkt, dass sie dem Anspruch doch nie genügen kann. Sie gibt es irgendwann auf, hat nicht mehr die Kraft, den Idealen hinterherzujagen, und lässt sich stattdessen gehen. Sie isst sich aus Frust Übergewicht an, pflegt sich und ihren Haushalt nicht mehr und entwickelt einen regelrechten Trotz, indem sie sich dem Superfrau-Ideal bewusst verweigert. Andere versinken in Depressionen, weil sie mit dem ständigen Gefühl des Ungenügens und des Versagens einfach nicht mehr klarkommen. Hinter mancher schweren psychischen Erkrankung stecken solche belastenden, überfordernden Ideale.

Aber gerade die besonders tüchtigen, gutaussehenden und begabten Frauen, die dem Ideal der Superfrau besonders nahe kommen, sind umso gefährdeter. Denn sie denken ständig: »Ich bin ja ganz nahe dran, es zu schaffen! Wenn ich mich nur noch ein bisschen mehr anstrenge, dann werde ich endlich ein gutes Gefühl mit mir selber haben!« Doch wenn sie dann erfolgreich ist, lauter Einsen in der Schule hat, das Model des Jahres geworden ist oder andere tolle Erfolge erzielt hat, spürt sie erst recht die innere Leere: »Das war es doch noch nicht. Es ist noch nicht genug.« Die Angst, irgendwann doch zu versagen, den Standard nicht halten zu können, die Bewunderer zu enttäuschen, lässt sich nicht besiegen.

Eine Freundin erzählte mir einmal eine ganz typische Geschichte. Sie hatte ziemliches Übergewicht und dachte immer: Wenn ich nur schlanker wäre, dann würden die andern mich mehr mögen, dann würde ich mehr Einladungen kriegen, mehr Aufmerksamkeit, mehr Freunde. Und sie schaffte es tatsächlich, mit eiserner Willenskraft abzunehmen. Als sie ihr Idealgewicht erreicht hatte, da war es tatsächlich so, wie sie erhofft hatte: Die Menschen schenkten ihr viel mehr Aufmerksamkeit, sie wurde öfter eingeladen, wurde netter behandelt. Doch das Ergebnis war: Sie verfiel in Depressionen. Denn ein Gedanke war nicht abzuweisen: »Bin ich nicht immer noch dieselbe wie vorher? Wenn mich die Menschen wegen ein paar Kilos mehr oder weniger dann mehr oder weniger mögen, was ist das eigentlich für eine Freundschaft? Gilt die Aufmerksamkeit mir oder nur meiner Figur?« Und so geht es vielen Frauen, die dem Ideal der Superfrau sehr nahe kommen. Da sitzen die Zweifel: Mögen die andern mich als Person oder nur meine Leistungen? Sind sie auch dann noch meine Freunde, wenn meine Leistungen nachlassen? Wird mich mein Partner auch noch lieben, wenn ich nicht mehr so perfekt aussehe? Oder braucht er mich nur, um mit mir anzugeben? Bin ich für meinen Mann oder für meine Eltern nur etwas zum Vorzeigen, eine Art Trophäe, oder sehen die Menschen in mir einen Wert ganz unabhängig von Leistung oder Aussehen? Wollen die Menschen nur meine Hilfsbereitschaft, meine Tüchtigkeit, meinen Ruhm, meine tolle Fassade – oder geht es ihnen echt um mich? So kann selbst die tollste Perfektion die Menschen nicht wirklich glücklich und zufrieden machen. Und es wundert darum nicht, warum sogar die erfolgreichsten Stars mit Unsicherheit und Ängsten zu kämpfen haben und warum es gerade bei denen, die es auf der Erfolgsleiter besonders weit gebracht haben, so viel Suchtkrankheiten, Selbstmorde und Depressionen gibt. Da muss die nächste Schönheitsoperation her, der nächste Partner, noch eine tolle Villa und noch mehr und noch mehr. Der Wunsch nach dem vollkommenen Glück aber bleibt unerfüllt.

Was hilft auf dem Weg zur Freiheit?

Wie aber können wir uns nun wehren gegen solche schädlichen, krank machenden Zwänge? Was können wir tun, um uns davon freizumachen und zufriedene, gelassene, »stinknormale« Durchschnittsfrauen ohne Superfrau-Anspruch zu werden?

Vielleicht haben Sie ja selber schon manches entdeckt, was uns im Kampf gegen den Superfrau-Komplex helfen kann. Ich glaube, dass es bereits eine große Hilfe ist, darüber offen reden zu können. Sobald es jemand wagt, zuzugeben, wo er oder sie Probleme hat, wie er Angst hat vor dem Versagen oder wo sie sich unvollkommen fühlt, ist bereits der Bann gebrochen. Denn nun brauchen wir uns nicht mehr gegenseitig vormachen, dass wir alles perfekt im Griff haben. Wir brauchen nicht eine tolle Fassade aufrechterhalten, um den andern zu beweisen, wie großartig wir sind. Im Gespräch spürt man dann, wie nahe wir uns mit manchen Problemen sind. Wir können uns gegenseitig Verständnis geben und uns unterstützen, ja vielleicht sogar herzlich über manche dieser falschen Ideale lachen, und schon löst sich der Druck. Schon haben wir nicht mehr so stark das Gefühl, wir müssten erst perfekt sein, bevor wir gemocht werden. Im Gespräch entdecken wir, dass es oft die Schwächen und Unvollkommenheiten sind, die einen Menschen liebenswert machen. Es bringt uns ja einander viel näher, wenn wir unsere Probleme und Nöte mal rauslassen, anstatt einander nur die perfekte Fassade zu zeigen. Der heimliche Wunsch nach Verständnis und Zuwendung, nach Liebe und Anerkennung, der die Triebkraft hinter unserem Perfektionismus ist – dieser Wunsch wird viel eher erfüllt, wenn wir den Perfektionismus fallen lassen und zu unseren Fehlern stehen.

Im Gespräch wird es oft schnell bewusst, wie viele der Ideale und Zwänge im Grunde völlig unsinnig und lächerlich sind! Gehen wir die Merkmale der Superfrau noch einmal durch, dann können wir sie als Lebenslügen entlarven: Wir werden es durchaus aushalten, wenn jemand uns nicht mag. Wir machen uns keineswegs schuldig, wenn wir uns Erholung und Freude gönnen. Wir dürfen durchaus andere belästigen und um Hilfe bitten, ja, wir tun manchen Leuten sogar einen Gefallen, wenn wir ihnen nicht alle Arbeit abnehmen, sondern ihnen das Gefühl vermitteln, dass sie gebraucht werden! Wir werden auch dann noch gemocht und geschätzt werden, wenn wir manchmal Nein sagen. Und es ist keineswegs eine Katastrophe, wenn wir manchmal Fehler machen, sondern aus manchen Fehlern entsteht erstaunlich viel Gutes. (Dazu fällt mir ein Satz von Bonhoeffer ein: »Es ist für Gott nicht schwerer, aus unseren Fehlern etwas Gutes zu machen, als aus unseren vermeintlichen Guttaten!«)

Wir sehen also beim genauen Hinschauen: Die perfektionistische Frau lässt sich von Lügen, von unwahren Behauptungen und unrealistischen Vorstellungen leiten. Sie baut ihr Leben auf Unwahrheiten auf. Wer unter Druck steht und unzufrieden mit sich selbst ist, kann damit anfangen, sich zu fragen: Wie realistisch sind eigentlich meine Erwartungen an mich selbst? Entsprechen meine Befürchtungen eigentlich der Wirklichkeit? Die Wahrheit ist befreiend. Die Wahrheit heißt z. B.: Andere werden mich auch noch gern haben, wenn ich Fehler mache und Schwächen zugebe. Ich bin wertvoll und muss deshalb auch mir Ruhe und Pflege gönnen. Ich bin ein begrenzter Mensch und kann nicht alles können oder alles leisten.

Eine realistische Sicht der Dinge ist ungeheuer befreiend, aber es genügt nicht, diese Wahrheiten einmal erkannt zu haben. Es ist nötig, dass wir diese Unwahrheiten, die uns prägen und die wir so lange unserem Unbewussten eingeredet haben, ganz bewusst immer wieder ersetzen. Wir sollen uns die wahren Gedanken immer wieder vorsagen, wenn die falschen sich einschleichen wollen. Das heißt z. B.: Wenn ich das Bild eines Supermodels sehe und das Gefühl habe: Eigentlich müsste ich so aussehen ... dann kann ich mir gleich selber sagen: Ich brauche nicht so aussehen, es ist gut, dass es unterschiedliches Aussehen gibt, ich bin kein Model und darf dazu stehen ... Oder wenn ich Besuch bekomme und bemerke, dass jemand einen kritischen Blick auf einige Krümel am Fußboden wirft, und mir kommt der Gedanke: Eigentlich hätte ich das sauber machen sollen, die denken jetzt bestimmt schlecht von mir ... Dann kann ich dem Gedanken gleich entgegensetzen: Na und? Die denken halt jetzt, dass ich keine perfekte Hausfrau bin, und das stimmt ja auch. Aber ich muss keine perfekte Hausfrau sein, viele Menschen mögen mich trotzdem!

Acht Gebote für die Superfrau – und warum sie nichts nützen ...

M. Shaevitz hat in ihrem Buch solche wahren Gedanken zusammengefasst, die wir uns als Leitsätze immer wieder einprägen sollten, damit wir von dem Zwang freiwerden. Sie nennt sie
Die acht Superfrau-Gebote
1. Deine Zeit ist wertvoll. Du sollst es nicht andern überlassen, über sämtliche Stunden deiner Tage und Nächte zu bestimmen.
2. Du brauchst nicht in allen Dingen Vollkommenheit zu erreichen.
3. Du brauchst nicht alles zu tun, worum man dich bittet.
4. Du sollst lernen, Nein zu sagen.
5. Du sollst ebensogut für deine eigenen Bedürfnisse sorgen, wie du für die Bedürfnisse anderer sorgen würdest.
6. Du sollst einen Teil deiner Lasten von anderen tragen lassen und nicht alles selbst tun. (Du kannst delegieren, dafür bezahlen, um Hilfe bitten oder etwas ganz sein lassen.)
7. Du sollst deine Zeit zuerst den Menschen und Dingen widmen, die besonders wichtig für dein Leben sind.
8. Richte deinen Blick auf das, was richtig und gut ist, nicht auf das Falsche oder Unbedeutende.

Als ich diese »Gebote« las, musste ich lachen,

denn vieles davon war überhaupt nicht neu. Die meisten dieser Gedanken kannte ich schon längst – aus meiner Bibel! Da stand ja schon seit Jahrtausenden, dass jeder Mensch sich einmal in der Woche einen Ruhetag gönnen soll – nicht als Luxus, sondern als Notwendigkeit! Und dass ich meinen Nächsten nicht mehr als mich selbst lieben soll, sondern ebenso wie mich selbst, dass ich also für mich selbst ebenso viel Fürsorge aufbringen darf und soll, wie für andere. Und auch der gute Rat, dass ich meine Gedanken auf das Positive richten soll, auf das Gelungene, Schöne, Erfreuliche – dieser Rat war mir bereits beim Apostel Paulus begegnet.

Dennoch spürte ich, dass diese acht Superfrau-Gebote zwar durchaus sinnvoll sind, aber noch keine echte Lösung des Problems bedeuten. Und in Gesprächen über dieses Buch wurde es mir immer wieder bestätigt. Denn einer echten Perfektionistin helfen diese Regeln nur wenig. Sie wird sich nämlich sofort zwanghaft darum bemühen, diese Regeln so perfekt wie möglich zu befolgen, und darüber verzweifeln, dass sie es nicht schafft! Zusätzlich zu ihrem ganzen Katalog des Sollens und Müssens kommen nun einfach noch acht weitere Forderungen dazu. »Eigentlich sollte ich mir ja eine Ruhezeit gönnen, aber ...« – »Wenn es mir doch gelingen würde, meinen Blick auf das Richtige und Gute zu lenken, aber ich bin unfähig dazu ...«

Mir scheint, der Superfrau-Komplex hat eine

viel tiefere und hartnäckigere Ursache, als dass man ihn mit ein paar solcher schlauen Regeln aushebeln könnte. Mir scheint, es handelt sich da um ein viel schwierigeres Problem. Eines, das in verschiedener Gestalt an der Wurzel aller unserer menschlichen Probleme sitzt ...

Ein tragischer Konflikt

Zum Menschsein gehört nämlich schon zu allen Zeiten ein tragischer Konflikt: Wir sind anscheinend die einzigen Wesen auf der Welt, die die Idee haben von einer Vollkommenheit, die es so in der Wirklichkeit nicht zu geben scheint. Kein anderes Lebewesen ist so wie wir Menschen ständig damit beschäftigt, seine Umwelt und sich selbst zu verändern. Kein anderes Lebewesen entwickelt unablässig neue Ideen, Strategien und Techniken, um das, was ist, zu verbessern. Menschsein heißt, den Drang zu haben, über sich selbst hinauszuwachsen und diese Welt, so wie sie ist, zu verändern. Was ist das für eine Unruhe, was für eine Sehnsucht, die uns antreibt? Wir haben Träume von etwas Vollkommenem, wir schaffen uns Filme, Romane und Bilder, die diese Vollkommenheit vortäuschen, und empfinden dann unsere unvollkommene Realität nur umso schmerzlicher. Wir sehnen uns nach dieser Vollkommenheit, können sie aber nie erreichen und lehnen uns andererseits auch wieder dagegen auf. Wenn wir irgendwo etwas sehen, was der Vollkommenheit nahe kommt, haben wir gleich wieder den Drang, es niederzumachen, zu verspotten, verächtlich zu machen oder zu beweisen, dass es doch gar nicht so toll ist.

Sie können einem Menschen noch so oft sagen, dass es unrealistisch ist, sich nach Vollkommen-

heit zu sehnen. Das bringt die verzweifelte Sehnsucht in ihm nicht zur Ruhe.

Könnte es nicht sein, dass diese Sehnsucht nach Vollkommenheit im Kern nichts Falsches, Krankhaftes ist, sondern etwas Echtes, Sinnvolles, Wahres? Könnte es nicht sein, dass wir uns mit Unvollkommenheit einfach nicht zufrieden geben können, weil wir tatsächlich für etwas Besseres geschaffen wurden? Vielleicht steckt es einfach in uns Menschen, dieses Wissen: Es muss doch noch etwas geben, was besser, herrlicher und schöner ist als alle Wirklichkeit um uns herum! Und vielleicht sind wir ja geschaffen für Vollkommenheit, für die eine vollkommene Liebe – für den vollkommenen Gott!

Nein, wir können uns einfach nicht zufrieden geben mit dem, was ist, und mit dem, wie wir sind. Denn wir haben Potenzial in uns, in uns steckt einfach noch mehr! Wir sind für etwas Besseres, Höheres geschaffen!

Und nicht nur diese Sehnsucht ist meiner Meinung nach etwas Gutes und Realistisches. Auch das Gefühl: »Ich bin nicht o. k. Mit mir stimmt was nicht!« könnte in mancher Hinsicht durchaus realistisch sein. Denn könnte da nicht etwas dran sein, dass wir alle irgendwo unsere Bestimmung verfehlt haben? Dass wir die schönen, wunderbaren Möglichkeiten, die in uns stecken, nicht recht entfaltet haben?

Wenn das aber so ist, dann müssen wir den

Schmerz darüber aushalten. Dann müssen wir mit dieser Sehnsucht nach Vollkommenheit leben, so lange, bis sie einmal gestillt wird. Doch den Zwang und den Druck von falschen Idealen brauchen wir nicht aushalten, denn dagegen gibt es ein Heilmittel.

Ein ganz anderes Heilmittel

Ich glaube, man kann der Tyrannei des Sollens und Müssens nicht durch neue Regeln und Gebote begegnen, sondern durch etwas völlig anderes. Wer unter der Sklaverei dieses Superfrau-Ideals lebt, braucht erst einmal die Gewissheit: »Ich bin mit allen meinen Schwächen und Unvollkommenheiten bedingungslos angenommen. Ich werde geliebt, egal ob ich unausstehlich, hässlich, faul oder schwach bin. Ich werde geliebt, auch wenn ich Fehler mache und Böses tue. Ich bin wertvoll, auch wenn ich total unmögliche Sachen anstelle und mich auch mal ganz unerträglich benehme.«

Leider haben wohl nur die wenigsten Menschen eine solche Erfahrung machen können. Denn kaum ein Mensch bringt es fertig, einen anderen so bedingungslos anzunehmen. Wer das Glück hatte, bei seinen Eltern, einer Freundin oder einem Partner eine solche bedingungslose Liebe zu finden, der wird wohl kaum unter Perfektionismus-Zwängen leiden. Aber selbst die besten Eltern, Freunde oder Partner halten eine solche Einstellung nicht immer durch. Einen gab es allerdings einmal, der hat es durchgehalten – bis zum Äußersten. Es gab einen, der den Menschen in seiner Umgebung genau diese bedingungslose Zuwendung gegeben hat. Der hat auch in Versagern und Randfiguren der Gesellschaft noch unendlichen Wert gesehen. Der hat auch dann noch das Beste für die Menschen gewollt und für sie gebetet, als sie von Hass verzerrt, von brutaler Gewalt und Spott erfüllt, ihn gequält und gekreuzigt haben. Sogar dann noch hat er sie als wertvolle, geliebte Wesen behandelt. Seit Jesus auf dieser Welt gelebt hat, wissen wir: Diese bedingungslose Liebe, nach der wir uns sehnen, ist keine Illusion! Es gibt in der Welt eine Kraft, ja mehr noch: eine lebendige Person, die fähig ist, alle unsere Unvollkommenheiten auszuhalten, zu ertragen und sogar zu lieben! Es gibt diese bedingungslose Liebe Gottes, die jedem von uns gilt, wenn wir uns entscheiden, daran zu glauben.

Allerdings fällt genau das vielen von uns schrecklich schwer. Es ist nicht leicht, an die Gnade Gottes zu glauben, wenn man von klein auf den Eindruck bekommen hat, dass Gott derjenige ist, der die unerfüllbaren Forderungen an uns stellt! Leider wird ja von vielen Menschen der christliche Glaube als etwas empfunden, was uns noch zusätzlich zu dem gesellschaftlichen Druck eine Last auflegt. Die christliche Superfrau hat noch ein paar mehr verinnerlichte »Soll und Muss«-Vorschriften als andere Frauen. Auch ich empfinde das manchmal so. Auch ich habe gelernt, mir Gott vorzustellen als einen, der überfordernde Gebote und unerreichbar hohe Ideale aufstellt. Und hat Jesus selbst nicht gesagt: »Ihr sollt vollkommen sein, wie auch euer himmlischer Vater vollkommen ist?«

Ist das nicht der Gipfel des Perfektionismus? Ist das nicht die schlimmste aller Überforderungen – so vollkommen zu werden wie Gott selbst?

Und so ist es auch nicht verwunderlich, dass gerade unter frommen, christlichen Frauen viele sind, die unter dem Superwoman-Syndrom bzw. unter dem Zwang zum Perfektionismus leiden.

Eine andere Art von Vollkommenheit

Da ist es zunächst einmal hilfreich zu sehen, was Jesus eigentlich unter »Vollkommenheit« versteht. Das ist nämlich etwas völlig anderes als die maschinenähnliche Perfektion unserer Leistungsgesellschaft und auch anders als der Versuch, sich in ein Schema von Idealen pressen zu lassen, die von andern an uns herangetragen werden. In der Bibel bedeutet Vollkommenheit: Ganzheit, Aufrichtigkeit, Einfachheit. Etwas, was aus einem Stück ist, unversehrt und unbeschädigt. Ein Mensch, der schlicht und aufrichtig, klar und offen ist, ein Mensch der ganz und ungeteilt er selbst ist, ohne falsche Fassade, ohne verlogene Maske, ohne den Krampf, etwas darzustellen, was er nicht ist – das ist vollkommen. Wenn Jesus von uns erwartet, vollkommen zu werden, dann meint er nicht, dass wir gleichzeitig ein Supermodel, eine tadellose Hausfrau und eine tüchtige Karrierefrau sein sollen. Er meint, dass wir ganz und ungeteilt wir selbst werden sollen, echt und unverstellt. Wir sollen das werden, wozu Gott uns geschaffen hat. Dem entsprechen, was Gott im Sinn hatte, als er uns gemacht hat. Und Ja dazu sagen, dass jede von uns einmalig und unverwechselbar ist, auch mit unseren Mängeln, Schwächen und vermeintlichen Schönheitsfehlern.

Jesus meint mit Vollkommenheit nicht eine perfekte Leistung. Er meint ungeheuchelte, ehrliche Liebe aus ganzem Herzen. Eine kleine Geschichte verdeutlicht diese Art von Vollkommenheit.

Ein Vater kam an einem heißen Tag müde und erschöpft von der Arbeit heim. Seine kleine Tochter merkte, wie ausgepumpt der geliebte Papi war, und rannte sofort zum Kühlschrank, um ihm ein Glas Wasser zu holen. Voller Fürsorglichkeit und Liebe reichte sie ihm das Glas – aber oh weh! Ihre Händchen waren nicht ganz sauber gewesen, und so rann ein mit Schmutz vermischter Tropfen in das Glas. Der Dienst, den die Kleine ihrem Vater geleistet hatte, war nicht vollkommen. Er war, wegen ihrer kindlichen Begrenztheit und Unfähigkeit, nicht das, was ein Erwachsener erwarten könnte. Der Vater aber war über dieses Zeichen der kindlichen Liebe so gerührt und beglückt, dass er den schmutzigen Tropfen kaum beachtete. Er sah: Ihre Leistung war nicht vollkommen, aber ihre Liebe zu ihm war in diesem Augenblick vollkommen. Sie hatte nichts anderes im Sinn gehabt, nichts anderes gewollt und erstrebt, als ihrem Vater Freude zu machen.

Das ist die Vollkommenheit, die Gott sich von uns wünscht. Er erwartet nicht, dass wir Dinge vollbringen, für die wir nicht die Begabung oder noch nicht die Reife haben. Er erwartet nicht, dass wir so werden wie unsere Nachbarin oder so wie Mutter Theresa oder wie Heidi Klum oder irgendein anderes Vorbild. Er erwartet, dass wir wir sel-

ber sind und dass wir uns von ihm lieben lassen, dass wir seine Liebe annehmen und erwidern, ohne Hintergedanken, ohne gespaltene Motive, ohne heimliche Vorbehalte. Wie ein Kind, ungeteilt und offen. Das ist die Vollkommenheit, die Jesus meint. Und es ist nicht eine Vollkommenheit, die wir durch Anstrengung und Leistung, durch Zwang und durch Vergewaltigung unserer selbst erreichen würden. Wir erreichen sie nur, wenn wir es uns gönnen, die Liebe Gottes zu genießen. Wenn wir die Einladung annehmen, die Jesus so formuliert hat: Kommt her zu mir alle, die ihr überfordert und überlastet seid, ich will euch wohl tun. Ich mute euch nichts Unerträgliches zu, was ich von euch verlange, ist leicht.

Wie kann Jesus behaupten, sein Anspruch an uns wäre leicht? Wo es doch keinem Menschen je gelingt, sie völlig zu erfüllen? Weil er uns nicht etwas Wesensfremdes überstülpen will, sondern uns befähigen will, das zu werden, wozu wir geschaffen sind. Und das ist genau das, wonach wir uns im Innersten sehnen, wofür wir echt begabt sind, worauf unser ganzes Wesen hinstrebt. Gott will uns nicht in eine Form pressen, in die wir nicht passen. Sondern er will uns helfen, hineinzuwachsen in unsere wahre Bestimmung.

Solange wir diese Bestimmung nicht gefunden haben, werden wir nicht zur Ruhe kommen. Selbst wenn es uns gelingen sollte, es allen recht zu machen, nur Erfolg zu haben und alles in den Griff zu kriegen, es wäre nicht die Lösung. Wir könnten trotzdem nicht von dem Wissen erlöst werden, dass wir nicht das sind, was wir sein sollen.

Davon kann uns nur einer erlösen, das ist Jesus. Denn die Wurzel unseres Übels ist, dass wir den Kontakt mit Gott verloren haben, den Kontakt mit dieser bedingungslos annehmenden, bestätigenden, stärkenden Liebe. Jesus aber stellt diesen Kontakt wieder her, und dann lernen wir nach und nach: Gott ist kein strenger Überwacher, der unerfüllbare Forderungen an uns stellt, sondern er ist der Befähiger, der uns fähig macht, so zu werden, wie wir im Grunde unseres Herzens am liebsten sein wollten.

Ein Mensch, der unter krankhaftem Perfektionismus litt, drückte es einmal so aus: »Ich begann, mich frei vom Perfektionismus zu fühlen, als ich die Erklärung für drei Rätsel fand: Warum bin ich in der Lage, überhaupt eine Idee von Vollkommenheit zu haben und mich danach zu sehnen? Weil ich als Ebenbild eines vollkommenen Gottes geschaffen bin! Warum kann ich diese Vollkommenheit nicht erreichen? Weil ich von diesem Gott entfremdet bin! Und wie kann ich davon erlöst werden? Indem ich mir von Gott ewigen Wert und Bedeutung schenken lasse. Es ist sein Geschenk an mich, nichts, was ich mir krampfhaft verdienen muss!«

Ein befreiendes Erlebnis

Eine Frau erzählte mir einmal von einem Erlebnis, das sie beim Beten hatte. Sie war aufgewachsen mit einem permanenten Gefühl des Ungenügens. Ständig stand sie unter dem Eindruck, es ihren Eltern doch nie recht machen zu können, nie gut genug zu sein, immer noch mehr bringen zu müssen. Dieses Gefühl hatte sie auch Gott gegenüber. Sie stellte sich vor, Gott wäre so ein Über-Vater, dem sie es nie recht machen konnte. Er verlangte immer noch mehr von ihr, als sie geben konnte – so glaubte sie. Und eines Tages betete sie ganz verzweifelt: »Ach, lieber Gott, ich möchte es dir so gerne recht machen, aber ich schaffe es doch nie. Es ist ja nie genug!« Sie blieb eine Weile in ihrer Erschöpfung und Verzweiflung ganz still vor Gott, mit dem Gedanken: »Ich gebe es jetzt auf. Ich höre jetzt auf, immer zu versuchen, mich noch mehr und noch mehr zu bemühen.« Auf einmal drang in ihr Bewusstsein etwas, was eigentlich nur die Stimme Gottes in ihrem Herzen sein konnte. Und diese Stimme sagte ganz deutlich: »Aber mein geliebtes Kind – du machst es mir doch recht! Du vertraust mir – und das ist alles, was es braucht, um mir recht zu sein!« Vertraue mir – dann machst du es mir recht – sagt Gott. Das ist die Erlösung vom Zwang zum Perfektionismus. Das Wissen: Ich bin Gott recht, ich bin Gottes geliebtes und geachtetes Kind.

Auf der Suche nach dieser befreienden Erfahrung können wir einiges tun, um uns selbst und uns gegenseitig zu helfen. Wir können einander immer wieder ein Stück von dieser bedingungslosen Annahme schenken, indem wir teilnahmsvoll und unterstützend zuhören, wenn andere von ihren Fehlern und ihrem Versagen reden. Wir können uns gegenseitig ermutigen und uns als wertvolle Menschen betrachten. Wir können aufhören, uns gegenseitig abzuschätzen, zu verurteilen und zu vergleichen. Damit so etwas möglich wird, gibt es zum Beispiel Gesprächsgruppen, wo wir Offenheit und gegenseitiges Annehmen einüben können. Da können wir uns auch gegenseitig unterstützen auf der Suche nach Gott oder auf der Suche nach einem aufrichtigen und liebevollen Miteinander. Wir sind nicht allein mit unserem Leiden an einer unvollkommenen Welt, unserer eigenen Unvollkommenheit und unserer Sehnsucht nach dem Vollkommenen. Und wir brauchen damit nicht allein zu bleiben.